¡Feliz Cuatro de Julio!

Stephanie Kuligowski, M.A.T

Asesoras

Shelley Scudder
Maestra de educación de
estudiantes dotados
Broward County Schools

Caryn Williams, M.S.Ed.
Madison County Schools
Huntsville, AL

Créditos de publicación

Dona Herweck Rice, *Jefa de redacción*
Lee Aucoin, *Diseñadora de multimedia
    principal*
Torrey Maloof, *Editora*
Diana Kenney, M.A.Ed., NBCT,
    Editora asociada de educación
Marissa Rodriguez, *Diseñadora*
Stephanie Reid, *Editora de fotos*
Traducción de Santiago Ochoa
Rachelle Cracchiolo, M.S.Ed., *Editora
    comercial*

Créditos de imágenes: Tapa Shutterstock;
pág. 7 Newscom; pág. 8 The Granger
Collection; pág. 9 The Library of Congress
[LC-USZC4-4969]; pág. 10 The Granger
Collection; pág. 11 The Library of Congress;
pág. 12 The Granger Collection; pág. 13 The
Granger Collection; pág. 14 North Wind
Picture Archives; pág. 15 Alamy; pág. 16
Alamy; pág. 20 Getty Images; pág. 24 Alamy;
todas las demás imágenes de Shutterstock.

Teacher Created Materials
5301 Oceanus Drive
Huntington Beach, CA 92649-1030
http://www.tcmpub.com
ISBN 978-1-4938-0479-5

Índice

Fiesta de cumpleaños

El Cuatro de Julio es el día en el que se **honra** el nacimiento de Estados Unidos. Hay desfiles. Hay días de campo. De noche, los fuegos artificiales iluminan el cielo. Es así como celebramos la **independencia** de nuestro país. *Independencia* significa **libertad**.

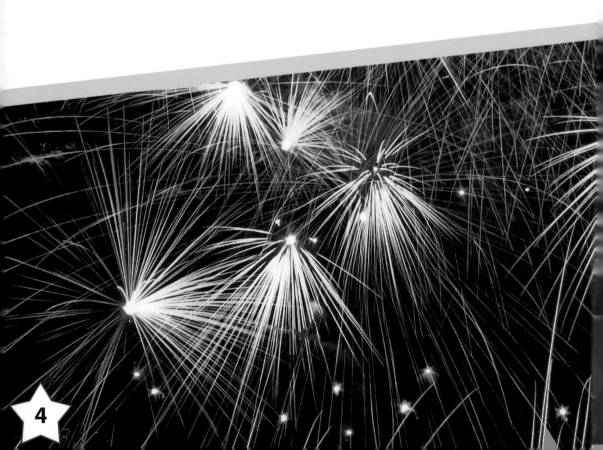

Estatua de la Libertad

5

La vida hace mucho tiempo

Hace mucho tiempo, Norteamérica estaba dominada por Gran Bretaña. Las personas de Norteamérica eran llamadas **colonos**. El rey tenía reglas que no les gustaban a los colonos. Querían nuevas reglas. El rey no los escuchó.

Esta es Gran Bretaña.

Este es Estados Unidos.

¡Guerra!

Los colonos querían ser libres. Estaban listos para pelear por su libertad.

En 1775, los colonos fueron a la guerra con Gran Bretaña. La guerra fue llamada la **Revolución** estadounidense.

Los colonos pelean contra Gran Bretaña.

¡El poder de la mujer!

Las mujeres también ayudaron a pelear en la guerra.

Una mujer ayuda a pelear en la guerra.

Los colonos escribieron una carta al rey. La carta fue llamada la *Declaración de Independencia*. Decía que ellos eran libres. Los hombres que escribieron la carta le hablaron a todo el mundo de ella el 4 de julio de 1776. Años después, Estados Unidos ganó la guerra. ¡Ganó su independencia!

John Hancock firma la Declaración de Independencia.

Un nombre grande

John Hancock fue un líder. Fue el primero en firmar la Declaración de Independencia. ¡Escribió su nombre grande! Quería que el rey lo viera con facilidad.

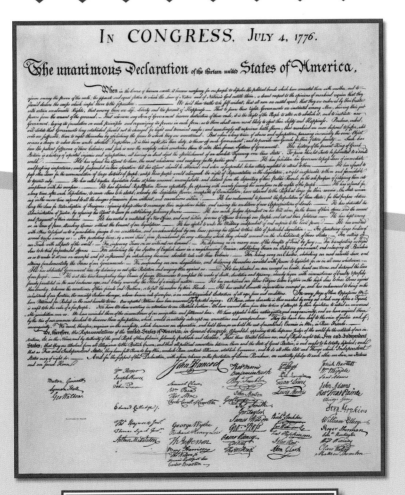

Declaración de Independencia

Las primeras celebraciones

El primer cumpleaños de Estados Unidos fue una gran **celebración**. Una celebración es una fiesta para un día especial. La gente hablaba sobre la Declaración de Independencia. Era un **símbolo** de libertad.

Tocando la Campana de la Libertad.

Que suene la libertad

La Campana de la Libertad sonó por primera vez cuando la Declaración de Independencia fue leída en voz alta.

la Campana de la Libertad

La gente también celebró al año siguiente. La gente comía alimentos deliciosos. Hablaba sobre su libertad.

La gente lo llamó el *Día de la Independencia*. Años después, lo convirtieron en un día festivo. El día también se llama *Cuatro de Julio*.

La gente celebra en el Día de la Independencia.

Los niños celebran el Cuatro de Julio.

Las celebraciones de hoy

Nuestro país todavía celebra el Día de la Independencia. Muchos de nosotros celebramos afuera. Asamos perros calientes. Comemos tarta de manzana.

Algunas ciudades hacen desfiles. Animamos a nuestros héroes.

Niños observan un desfile del Cuatro de Julio.

Muchos perros calientes

¡Los estadounidenses comen más de 150 millones de perros calientes cada Día de la Independencia!

¡El espectáculo comienza en la noche! El cielo se llena de luces y colores. Algunas ciudades ponen canciones **patrióticas** para acompañar el espectáculo.

El Día de la Independencia es especial. Es un día para honrar nuestro pasado. Es un día para celebrar nuestra libertad.

la bandera estadounidense

¡Cántala!

Aprende la canción de la página siguiente. Cántala con tus amigos. Cántasela a tu familia.

Esta es la cubierta de un libro para niños de 1880.

Yankee Doodle

Derechito a la ciudad

un yanqui va en un poni,

una pluma en el sombrero

y grita "macarroni".

Estribillo:

Yanqui, qué elegante estás.

Yanqui, siempre así serás.

¡Yanqui, a todas las muchachas

tú conquistarás!

Glosario

celebración: una fiesta para un día especial

colonos: personas que se van a vivir a una zona que no es su país

honra: muestra respeto por una persona o cosa

independencia: libertad para tomar decisiones

libertad: el poder de hacer lo que quieres

patrióticas: que muestran amor por su país

revolución: el fin del dominio de un gobierno y el comienzo de otro nuevo

símbolo: un objeto que representa otra cosa

Índice analítico

¡Tu turno!

Mi fiesta

Mira los niños de la foto. ¿Cómo celebran el Día de la Independencia? ¿Cómo celebras tú el Día de la Independencia? Escribe sobre las cosas que te gusta hacer.

8746011